Sacramentos
7 sinais de Deus em nossa vida

Pe. ANTONIO CARLOS SOUZA, C.Ss.R.

Sacramentos
7 sinais de Deus em nossa vida

DIREÇÃO EDITORIAL: Pe. Fábio Evaristo Resende Silva, C.Ss.R.
COORDENAÇÃO EDITORIAL E REVISÃO: Ana Lúcia de Castro Leite
DIAGRAMAÇÃO E CAPA: Bruno Olivoto

Dados Internacionais de Catalogação na Publicação (CIP)
(Câmara Brasileira do Livro, SP, Brasil)

Souza, Antonio Carlos
    Sacramentos: 7 sinais de Deus em nossa vida / Antonio Carlos Souza. – Aparecida, SP: Editora Santuário, 2016.

    ISBN 978-85-369-0430-6

    1. Sacramentos – Igreja Católica I. Título.

16-02079   CDD-264.025

Índices para catálogo sistemático:

1. Sacramentos: Igreja Católica: Cristianismo
264.025

2ª impressão

Todos os direitos reservados à **EDITORA SANTUÁRIO** – 2019

Rua Pe. Claro Monteiro, 342 – 12570-000 – Aparecida-SP
Tel.: 12 3104-2000 – Televendas: 0800 - 16 00 04
www.editorasantuario.com.br
vendas@editorasantuario.com.br

Sumário

Jesus Cristo e os Sacramentos | 7

1. Batismo | 11

2. Confirmação | 19

3. Eucaristia | 25

4. Reconciliação | 33

5. Unção dos Enfermos | 41

6. Ordem | 49

7. Matrimônio | 57

Jesus Cristo e os Sacramentos

As atitudes de Jesus de Nazaré perante o culto judaico são de suma importância para a origem de nossa liturgia sacramental. Os apóstolos e discípulos, recordando o que Jesus fizera, foram criando diversas formas de nossa liturgia sacramental, dando origem a uma tradição religioso--sacramental.

Jesus e seus discípulos provinham de um povo que "sabia rezar", que tinha uma vida de piedade riquíssima, onde tudo era bem definido, tanto no culto público, como no culto privado. Eles conheciam bem essa vida de oração e a praticavam.

Jesus, à medida que vai se revelando e revelando seu ministério, vai também dessacralizando muitos ritos considerados intocáveis pelo povo. Ele se apresenta com duas características bem marcantes: é o *Continuador* do núcleo central da religião do povo de Israel; é também o *Libertador*, levando à dessacralização muitos ritos considerados intocáveis por seu povo e provocando sua interiorização e a intimidade com Deus, sem se prender a lugares e situações determinados pelas leis.

As atitudes de Jesus de Nazaré frente ao culto judaico marcaram o espírito da comunidade primitiva e iniciaram uma tradição religiosa. Os apóstolos entenderam e guardaram suas atitudes fundamentais de fidelidade ao núcleo central e à libertação de fórmulas e de ritos.

Basicamente, as formas judaicas, que deram origem às práticas cristãs, foram *o ofício das preces e as leituras* nas sinagogas, *as orações habituais* nos lares, as *refeições sagradas* nos sábados e nos dias festivos. Excluem-se o culto do Templo e principalmente os sacrifícios (At 21,26). A ruptura do véu do Templo por ocasião da morte de Jesus significou para os apóstolos que aquele culto cessara (Lc 23,45).

Os primeiros cristãos tinham consciência de que eles próprios eram os Templos Vivos e não necessitavam de construções materiais para cultuar e louvar o Pai. Não tinham igrejas nem lugares especiais. Viviam um culto espiritual sem Templos e sem muitos ritos prefixados. Caracterizavam-se, na vida religiosa, pela simplicidade e pela criatividade, de acordo com as situações vividas no momento.

Reuniam-se assim nas casas para rezar, ler as Escrituras e recordar tudo o que Jesus fizera. A comunidade primitiva, proclamando a chegada salvadora de Jesus, foi criando formas novas. Apoiava-se nas formas tradicionais da vida religiosa, mas ia criando outras conforme o novo Espírito recebido de Jesus. As novas formas parecem ser: *o batismo no nome de Jesus*, isto é, um banho de purificação sob a invocação do nome de Jesus, enviado pelo Pai para comunicar o Espírito; *a fração do pão*, memorial de sua morte e ressurreição; *as preces sob variadas formas; a imposição das mãos* para comunicar o Espírito e para alguém presidir uma comunidade eclesial; *a unção dos enfermos*.

Os mistérios cristãos eram celebrados não apenas na comunidade ritual, mas expressavam toda a vida da comunidade humano-religiosa.

A palavra "sacramento", em seu sentido estrito, não consta nas Sagradas Escrituras, mas é apenas uma adaptação latina — *sacramentum* — do termo grego *Mysterion*, que foi traduzida na versão latina como *Mysterium* ou *Sacramentum*. E assim uma realidade que tem conexão íntima com a ideia de mistério. É uma realidade secreta e sagrada que se manifesta de modo sensível e pode ser entendida por quem tem fé. É preciso levar em conta que o Novo Testamento, a tradição patrística e as primeiras reflexões do magistério católico tinham um conceito mais vasto sobre os sacramentos. Essas fontes cristãs alargam assim os horizontes e nos deixam entrever uma noção mais extensa dos sacramentos dentro do Mistério de Deus.

Os sacramentos são, pois, concretizações do Mistério de Deus, que é o plano secreto e sagrado. E a Sabedoria escondida e revelada no universo. É o plano salvífico que é revelado a todos os que têm fé e se concretiza de maneira sensível na história dos homens, principalmente no povo de Israel. Tem seu ponto mais alto na vida, morte e ressurreição de Jesus. Esse Mistério continua sendo atualizado pelo Espírito em sua comunidade, a Igreja. Continua sendo atualizado em todas as suas realidades, festas, observâncias litúrgicas, ritos, sacramentos, principalmente no batismo e na eucaristia. Trata-se de uma realidade mistérica, sagrada, visível e invisível, oculta parcialmente e revelada onde é colocada.

Os sacramentos são assim proclamações da salvação, dos favores que o Deus-Amor fez e faz para seu povo, por meio de sinais sensíveis, ritos e palavras. São ainda o "sim" do fiel ao Mistério da salvação. São a resposta livre, consciente, amorosa com um ato pessoal e eclesial. Eles recordam uma atitude concreta de Jesus *(Memorial)*, que é atualizada pela comunidade. Os sacramentos não são atos individuais, mas expressões comunitárias da fé, onde Cristo é o centro, garantindo sua presença permanente e atual no meio dos fiéis. Como celebrações existenciais, os sacramentos exprimem o relacionamento dos homens com Deus e são compromissos com a humanidade.

Batismo

1. Batismo, banho de purificação

A palavra *batismo* é de origem grega e significa "banho, imersão, purificação". *Batizar* quer dizer "mergulhar, lavar, purificar".

Assim como no banho temos necessidade da água, no batismo (= banho), Jesus quis se servir desse elemento natural. O homem é um ser livre como pessoa, mas como criatura é totalmente dependente do Criador, quanto à existência e quanto à conservação. Entre os elementos de capital importância à sobrevivência humana, a *água* ocupa um lugar de destaque. Desde o início da humanidade até os tempos modernos, o *homem depende da água*, em sua vida e em seus trabalhos. Ao fazer construções ou fábricas a primeira preocupação é verificar a existência desse elemento precioso. Sem a água caem seus planos, fecham-se as fábricas, os hospitais. É uma calamidade pública. Depois de seus trabalhos e exercícios físicos, o homem deseja tomar um bom banho para se sentir purificado, revigorado. Nada mais agradável a sua natureza do que um copo de água gelada que lhe mate a sede e lhe devolva as forças! O próprio corpo humano, quase em sua totalidade, é composto de água. Ele exige, para sua sobrevivência, uma determinada quantidade de água, sem a qual aconteceria a desidratação e seu corpo caminharia para a destruição. O lavrador vive condicionado pela água. Se as chuvas caem, as colheitas são boas. Se caem em demasia, as plantações são destruídas. Se há falta de chuva, as plantas morrem, os animais enfraquecem, as represas baixam e tudo o que depende da energia elétrica fica ameaçado: a vida humana é colocada em jogo. A água é ainda geradora de saúde. Inúmeras são as fontes de águas minerais que beneficiam a saúde do homem.

Disso tudo podemos concluir quanto a água é grandemente importante para a humanidade. Ela possui uma função vital, dinâmica, purificadora, destruidora, medicinal. Em poucas palavras, é princípio de *criação* e de *destruição*. E Jesus quis se servir dessa realidade para realizar sua intenção de Amor.

Batismo é, assim, antes de tudo, *um sinal natural, um banho de regeneração*, que cria e purifica o homem. É um elemento visível que revela os planos salvíficos de Deus.

2. Batismo, a destruição do pecado

A narração bíblica sobre o dilúvio é considerada como uma figura clássica do batismo cristão. São Pedro, em sua primeira carta (3,18-21), diz: "Também Cristo morreu uma vez pelos pecados, o Justo pelos injustos, para vos conduzir a Deus. Morreu segundo a carne mas foi vivificado no espírito. É nesse mesmo espírito que ele foi pregar aos espíritos que estavam detidos na prisão, a saber, àqueles que outrora, nos dias de Noé, tinham sido rebeldes, quando Deus aguardava com paciência, enquanto se edificava a arca na qual poucas pessoas, isto é, apenas oito, se salvaram das águas. Essa água *prefigurava* o batismo de agora, que vos salva também a vós..."

Nessa passagem, podemos ver o *aspecto de destruição* realizado pelo batismo. As águas do dilúvio destruíram a humanidade pecadora e apenas se salvou Noé, o Justo, como semente germinadora de novas vidas. No batismo, a água destrói, por seu poder purificador e aniquilador, o pecado original. E faz, com sua semente de vida, renascer uma *nova criatura*. Tudo foi destruído no dilúvio, menos Noé, que é consolo e apoio de novas vias. Na nova destruição, permanece também Cristo, o Justo e Consolo por excelência, o primogênito das criaturas. Por meio de sua morte, toda a humanidade pecadora é aniquilada e com sua ressurreição renasce, para uma vida nova.

O batismo cristão é uma *imitação sacramental* da morte e ressurreição de Cristo. Por meio desse sinal-símbolo, realiza-se a destruição do pecado no homem, que é inserido numa situação nova de vida.

Todos os homens nascem numa condição de *não salvação*, isto é, sozinhos. Eles nunca poderiam formar uma comunhão de vida com Deus e assim realizar sua felicidade total. Mas Cristo, por meio do batismo, vem aniquilar essa condição negativa da vida humana e destruir o que chamamos *pecado original*.

Após o banho de destruição realizado sacramentalmente pelas águas batismais, o neobatizado recebe *uma nova vida*; começa a participar da própria família divina e possui sementes de vida eterna. *Cristo* e, assim, o *Novo Consolo e Apoio* para a humanidade pecadora, libertando-nos dessa situação de não salvação.

3. Batismo, banho de libertação

O povo de Israel toma consciência de que fora eleito por Deus, para ser sinal de salvação para toda a humanidade, no dia em que Deus liberta-a da escravidão do Egito. Os israelitas viviam no cativeiro sob a opressão dos tiranos. Deus sai de seu silêncio, intervém na vida desse povo e, por intermédio de representantes como Moisés e Abraão, desperta a consciência de Israel. E liberta-o da escravidão.

A fuga do Egito tem um marco significativo na *passagem do Mar Vermelho*, que a Bíblia descreve como um fato maravilhoso (Êx 14,1-30), no qual Deus se revela como senhor do universo, dominando as águas e libertando o povo que escolheu para a herança de seu grande Mistério de Amor.

Essa passagem do Mar Vermelho é apresentada na Teologia dos primeiros cristãos como uma figura do batismo. As águas do mar são instrumentos divinos para a destruição dos pecadores e, ao mesmo tempo, para a salvação do povo escolhido, semente de novas vidas.

O próprio apóstolo Paulo, em sua primeira carta aos Coríntios 10,2-6, trata dessa passagem como sendo um batismo do povo eleito realizado por Deus.

As águas destroem o mal, o pecado, personificado nos perseguidores egípcios que querem medir suas forças com o próprio Deus. Porém, Deus destrói o mal e faz nascer seu povo, por uma libertação imediata, para uma vida nova.

Renascido do perigo que o ameaçava, parte como povo em busca da Terra Prometida, vencendo as dificuldades do deserto.

O *batismo cristão* é também um *banho de libertação*. As águas batismais destroem o pecado, o mal, e toda a forma de opressão, e fazem nascer novas criaturas, constituindo-as pessoas livres que marcham em busca da felicidade prometida por Deus e concretizada por Cristo.

Essa caminhada da *família* de Deus tem seu início no dia do nosso batismo. É a libertação, criando novos rumos, lugar onde as pessoas são iguais em direitos e deveres. A Vida terá sentido na descoberta de que somos uma *família*, estamos em marcha, temos uma única lei: *o Amor*!

Deus é nosso Pai, que nos faz renascer como filhos e quer que vivamos como irmãos, respeitando-nos e amando-nos uns aos outros, por intermédio de Cristo, nosso Libertador e Guia.

4. O batismo como entrada na comunidade

O batismo cristão é assim a entrada oficial na comunidade dos que acreditam em Cristo. Há a pregação do Evangelho, centralizada na pessoa de Jesus Cristo e em sua presença atual na comunidade. A aceitação desse anúncio manifestava-se pela conversão, *metanoia*, pela mudança de mentalidade expressa pela fé e pela vida. Somente depois as pessoas eram batizadas. No início do cristianismo, até o século IV, a iniciação cristã era dada geralmente aos adultos e somente às crianças cujos pais de fato viviam os valores evangélicos. Infelizmente, hoje parece ser o contrário. Muitos são batizados, alguns ouvem e entendem a verdade sobre Jesus e poucos, de fato, convertem-se!

Aceitar a vida de Jesus é pois *comprometer-se com uma comunidade* que passou a viver a vida a partir da experiência, da ótica de Jesus. Os valores evangélicos da justiça, do amor, da partilha, implicam renúncias. Entrar na comunidade é converter-se, viver a *metanoia*, a conversão diária para o amor, a partilha, o compromisso.

Entrar na comunidade é dar testemunho de vida pelo serviço aos irmãos, comprometendo-se com eles numa vida vivida pelos valores de Jesus que exigem uma opção econômica, política, social, de acordo com os critérios do Evangelho.

É viver o sonho de Jesus no qual os homens vivem um relacionamento filial com Deus que é Pai, é Irmão, é o Próprio Amor no coração das pessoas. É acreditar na fraternidade fundamentada na justiça e no amor. É respeitar o ser humano como "imagem e semelhança" de Deus. É ter coragem de se empenhar na transformação do universo.

Por isso, a Igreja quer que as crianças sejam batizadas em suas *comunidades locais*, para que os pais e padrinhos se comprometam a viver essa vida de irmãos, nessas comunidades. E ter a boa vontade de formar comunidade real e não apenas litúrgica ou ritual. Não se trata então de uma exigência legal, mas de um compromisso com o Evangelho em que existiam *comunidades* que assumiam as atitudes de Jesus perante a vida e seu ideal: *formar a família de Deus*, vivendo o compromisso de Amor a Deus, que se manifesta no amor concreto aos irmãos.

Confirmação

1. A confirmação na vida da Igreja

No início do cristianismo, o sacramento da *confirmação* era dado com o batismo e a eucaristia, numa única cerimônia chamada *"INICIAÇÃO CRISTÃ"*. Essa celebração se fazia na vigília da Páscoa ou de Pentecostes. A cerimônia era dirigida pelo bispo como presidente oficial da Comunidade cristã.

A *"INICIAÇÃO CRISTÃ"* era conferida *a pessoas adultas*, que, após tomarem conhecimento da doutrina cristã e se exercitarem na fé, recebiam solenemente a *entrada na Igreja de Jesus Cristo*. O batismo de crianças era mais raro e só acontecia quando a criança pertencia a uma família verdadeiramente cristã.

É por isso que não encontramos na doutrina dos Apóstolos, nem nos primeiros padres da Igreja, grandes explicações sistemáticas sobre o sacramento da *confirmação* isoladamente. Mas, pode-se perceber que o rito do batismo, como *banho de água* para a purificação, e o rito da *imposição das mãos*, para a comunicação do Espírito Santo, são de grande importância.

A salvação dos homens e do mundo é obra do Deus-Amor, que gratuitamente inicia e desenvolve esse processo salvífico, adotando-nos em seu Filho e comunicando-nos o *Dom do Espírito Santo*. Essa participação no Mistério de Amor de Deus-Pai e de adoção como *filhos no Filho, se inicia pelo batismo e se fortalece pela confirmação*. O cristão identifica-se com a pessoa de Jesus Cristo, assemelhando-se a Ele também em sua missão de testemunha oficial e pública, sob a ação do Espírito Santo.

Nos séculos IV e V, o cristianismo espalha-se por todas as partes, e a *Iniciação Cristã* não é feita apenas uma vez ao ano. Administra-se não apenas sob a presidência do bispo nas paróquias, mas também nos lugares distantes das cidades. Era dada não mais só aos adultos, mas, agora, principalmente às crianças das famílias convertidas.

A Igreja em sua disciplina litúrgica fez duas opções: no Ocidente, administrava-se primeiro o batismo e esperava-se a presença do bispo para *confirmar* a *iniciação* conferida pelo simples sacerdote; no Oriente, os sacerdotes batizavam e conferiam a *confirmação*, ao mesmo tempo, usando o óleo consagrado pelo bispo.

A partir dessa data, começa a haver a separação dos sacramentos do *batismo* e da *confirmação*. A *confirmação* começa a aparecer como *especificação* de alguns dons recebidos no batismo, que dá maior originalidade e nitidez à *confirmação*.

2. A confirmação e o óleo do crisma

Como vimos acima, desde o século IV, no Ocidente, a *confirmação* não é mais administrada com o batismo e a eucaristia, numa única cerimônia chamada *iniciação cristã*.

A partir dessa época, começam a aparecer diversos nomes para especificar a cerimônia religiosa que vinha *confirmar*, pelo bispo, a *Iniciação Cristã*, feita por simples sacerdotes.

Encontramos assim esse sacramento com o nome de *fixação*, querendo significar que "o óleo do crisma fixa no cristão o bom odor de Cristo". Aparece também o termo *acabamento*, para mostrar o aperfeiçoamento do ser cristão. Alguns chamam-no *perfeição* ou *dom perfeito*.

Sempre é explorado o simbolismo da *unção com óleo do crisma* que significa e realiza o acabamento, a perfeição do ser cristão, dando ao batizado a missão oficial de difundir exteriormente o Evangelho como um "perfume", segundo expressão usada por São Paulo (2Cor 2,14-17).

Desde o fim do século V, a palavra *"confirmação"* é usada na Gália, com o intuito de ressaltar que esse sacramento vem confirmar, acabar, aperfeiçoar o batizado dentro da visão dos combates da fé. Esse termo, *"confirmação",* foi adotado oficialmente no século VIII em Roma, que quis assim denominar oficialmente o sacramento.

A graça da *confirmação* era concebida como sendo uma missão de *profissão exterior e pública da fé*. Para o batizado ser considerado como adulto, poder participar da vida social da Igreja e proclamar publicamente sua fé em Cristo, por meio de palavras e de toda a vida, ele necessita de uma *Força* e de uma *Audácia* especiais.

Pelo exame desses termos na Tradição, pode-se perceber que, explorando a ideia escriturística do *batismo-nascimento*, chegou-se à ideia de *confirmação-maturidade*. A *confirmação* é, pois, ao mesmo tempo sacramento totalmente diverso do batismo, mas seu complemento, como o crescimento completa o nascimento.

O homem se distingue da criança pelo seu desenvolvimento pessoal, pelo seu amadurecimento. A *confirmação* administrada não a recém-nascidos, mas a adolescentes, foi entendida como a *maturidade do batizado*, que, tomando consciência de sua missão, passa a exercê-la publicamente, tendo recebido a comunicação do Dom do Espírito Santo.

3. A confirmação e o Espírito Santo

O Sacramento da *confirmação* ganha maior compreensão quando visto dentro de uma *re-descoberta e vivência* da Teologia do Espírito Santo, como elo e fonte de união de toda a vida de comunidade (1Cor 12,4-11).

O mesmo *Espírito* que possuía Jesus Cristo, e que o fazia uma testemunha coerente do Pai (Lc 3,22; 4,1-2.14-20; At 1,2; 10,36-38), foi derramado sobre os Apóstolos, tornando-os testemunhas corajosas de Cristo Morto e Ressuscitado (At 4,20-31; 5, 40-42; Rm 15,18-19; 2Cor 1,21-22).

Essa mesma doação do Espírito Santo é recordada e atualizada na comunidade cristã pelo sacramento da *confirmação*. É o NOVO PENTECOSTES que acontece hoje, transforma os batizados e dá-lhes força especial para cumprir a nova missão dentro da comunidade de fé, exercendo a vocação a que foram chamados.

A *confirmação* atualiza, de maneira sensível, o *Dom do Espírito Santo*. Ele é o elo de unidade na fé e na multiplicidade de vocações, dentro da família de Deus. A *confirmação* é, pois, a atualização de Pentecostes na vida do batizado, comunicando-lhe o espírito de *sabedoria* e de *inteligência*, o espírito de *conselho* e de *fortaleza*, o espírito de *ciência* e de *piedade*, fazendo-o pleno do espírito de *temor filial*. Esses sete dons não são "coisas", mas uma ilustração dos aspectos e da eficácia da presença do mesmo Espírito.

O Espírito Santo é o elo que coloca a pessoa dentro da vida da Trindade, identificando-a com o Cristo na missão de ser testemunha verdadeira e corajosa do Mistério de Amor. É o fogo de Amor que conduz todos para as alegrias do Reino de Deus.

Assim como Pentecostes foi muito importante para a comunidade cristã, pois foi a partir da conscientização dada pelo Espírito sobre a vida, obras, morte e ressurreição de Cristo que os primeiros discípulos começaram a viver publicamente sua fé, assim também é a partir da *conscientização* e do *aprofundamento* da fé, proveniente da ação do Espírito Santo sobre o batizado, que se começa uma nova fase de vivências e de buscar sobre o sentido da vida humana.

O sacramento da *confirmação* está, assim, profundamente ligado à presença do Espírito Santo como despertador da consciência cristã e com força para viver bem a mensagem de Cristo.

> "Pelo Sacramento da Confirmação (os cristãos) são ligados mais perfeitamente à Igreja, são enriquecidos com uma força especial do Espírito Santo, são mais estreitamente obrigados à fé. Como verdadeiras testemunhas de Cristo devem espalhar e defender essa fé, tanto por palavras como por obras" (*Lumen Gentium*, 11).

Eucaristia

1. Eucaristia e a fração do pão

No início do cristianismo, a *eucaristia* era chamada de *Fracção do pão* (At 2,42). Era celebrada *no primeiro dia* da semana judaica, que se tornou o dia por excelência da reunião dos cristãos (Mt 28,1; 2Cor 16,2), recordando a ressurreição do Senhor Jesus. Essa celebração era feita dentro de uma refeição fraterna, o *ágape*

(1Cor 11,17-34). Devido a certos abusos existentes em algumas comunidades (1Cor 17-20), houve uma reestruturação da Ceia do Senhor, que passou a ser celebrada separadamente das refeições comuns, numa liturgia própria.

Para o apóstolo Paulo, a eucaristia tem como ideia básica a unidade da Igreja. *Partir o pão e beber do mesmo cálice* expressam o simbolismo da comunidade que tem como centro de sua unidade a proclamação da fé no Cristo morto e ressuscitado.

A presença pessoal de Cristo, em seu Corpo e em seu Sangue, garante a *unidade da Igreja*. Trata-se de uma refeição fraterna alicerçada em algo mais profundo, e não de uma simples reunião social ou familiar.

A eucaristia não tem efeitos mágicos e não dispensa a vigilância contra a tentação da idolatria e do egoísmo (1Cor 10,1-13). A verdadeira refeição do Senhor provoca a *comunhão com Cristo* e, por intermédio dele, com *Deus e com os irmãos* (1Cor 10,14-22). Celebrar mal a eucaristia é romper a própria unidade da Igreja, quando o egoísmo e as divisões atrapalharem um verdadeiro partir e repartir o pão.

Comungar do mesmo cálice e do mesmo pão é participar do destino da mesma comunidade; a responsabilidade pessoal dos cristãos está no grau de *conscientização* e de sua *participação* na comunidade. Celebrar mal a eucaristia é romper a unidade da Igreja, é ser responsável pela morte de Cristo.

A *eucaristia* é assim a verdadeira *expressão da partilha* dos cristãos. É a expressão real de uma vida a ser caminhada na fé que tem reflexos práticos na vida. Todo aquele que comunga está participando do destino e da meta da comunidade. Não é mais alguém que caminha sozinho, mas é uma pessoa que juntamente com outros, busca a realização da comunhão plena com Deus e com os outros homens.

A celebração ritual *recorda* e *atualiza* o mistério da Morte-Ressurreição de maneira sacramental e *anuncia* a comunhão total.

2. Eucaristia no mistério de Deus

Eucaristia significa *ação de graças*, e é um gesto humano de sentido muito profundo. Tem um *valor útil, simbólico, sagrado e religioso*. Trata-se, acima de tudo, de uma *refeição*. Refeição essa que se faz *em Comunidade*, dentro de um rito religioso e sagrado.

Esse gesto já aparece na história da humanidade, desde seus primórdios, quando em todas as religiões encontramos refeições sagradas. Jesus Cristo veio *dar um novo sentido* às coisas e a família dos que acreditam nele, após a sua morte e ressurreição, continuou a celebrar essa atitude fundamental perante Deus. Como todos os outros sacramentos dentro do Mistério de Deus, a eucaristia corresponde a um fato significativo da existência humana.

No início do cristianismo, a cerimônia da *iniciação cristã* abrange os sacramentos do *batismo-confirmação--eucaristia*. Era o início da história da salvação para o ser humano. Dentro dessa iniciação, a eucaristia é o alimento, a conservação da vida recebida no batismo, a transformação sócio-religiosa do reunir-se em família para receber forças na caminhada.

O ser humano deve ser sempre considerado como um todo, possuindo unidade e integridade em vista de seu fim. Como refeição, a Missa está intimamente ligada à *fome*, ao *alimento* e à *vida*. O alimentar-se é um ato indispensável à vida, exigência própria da condição humana. Mas também é um fato social que corresponde a um dos anseios fundamentais do homem, como conservação de si.

A fome, como carência de alimento, é um sinal de alerta do conjunto biológico, que está morrendo e deseja a restauração. O alimento, nesse contexto, é fonte de energia e de segurança. O alimento ingerido se transforma no homem, tornando-se sua carne e seu sangue. A energia contida nele é colocada a serviço do homem.

Dentro do Mistério de Deus, como Grande Plano de seu Amor, no desejo de fazer dos homens uma só família, que participa de sua própria felicidade, *a eucaristia* vem desempenhar o *gesto de reunir-se*, para se alimentar de uma comida não puramente humana, mas de um *pão e vinho de salvação*. Nessa História de Salvação, a eucaristia vem ser o *alimento que fortalece e dá vida* ao ser humano que está morrendo e precisa de uma nova restauração. A Missa é, assim, a refeição sagrada dos cristãos.

3. Eucaristia, pão e vinho da salvação

Jesus Cristo se serviu do *pão* e do *vinho* na última Ceia. São dois elementos importantes no mundo, ligados ao ciclo das estações. O *pão* é a imagem do trigo recolhido e moído. O grão de trigo morre e se renova nas espigas. A morte de uma semente produz novas vidas. O pão é alimento indispensável nas culturas humanas. *"Ganhar o pão"* significa o fruto do trabalho e do empenho do homem. *"Comer o pão como suor do rosto"* mostra a dificuldade e o esforço do homem em garantir seu sustento.

O *"pão repartido"* é símbolo da condivisão, da co-responsabilidade dos que participam de sua divisão. O *vinho*, por sua vez, é riquíssimo de simbolismo e de figuras. Nas Sagradas Escrituras, a vinha, a parreira de onde provém o vinho, é símbolo de *segurança*, de *felicidade* e de *alegria*. O próprio povo de Israel é chamado de *"a vinha do Senhor"*, por causa dos carinhos e atenções dispensados por Deus a este seu povo eleito.

O vinho é o fruto do trabalho do homem, a bebida da imortalidade e da vida. Quando tomado em exagero, o vinho torna o homem bêbado, privado de sua consciência e iniciado nas profundezas de sua personalidade. É um meio de se entrar num mundo estranho, diverso, espiritual e maravilhoso. O *cálice do vinho condividido* é símbolo da força proveniente da mesma fonte de energia. *"Beber da mesma taça"* significa participar do mesmo destino. O pão e o vinho são realidades complementares. Usar o cálice com vinho e o pão numa refeição cultual faz parte de uma antiga tradição oriental.

Entre os judeus, encontramos muitas referências a orações de louvor e a bênçãos de ação de graças sobre o pão e o cálice com vinho. O *pão* é alimento que vem debaixo do solo para ser resposta à fome. O *vinho* é a bebida que vem do alto, do sol que amadurece as uvas para saciar a sede do homem. O pão se transforma no homem, o vinho transforma e liberta o homem.

Usando o pão e o vinho juntos, Cristo quis assumi-los em toda a realidade simbólica. O pão é símbolo da vida, do *alimento* e do *esforço*. O pão dividido na eucaristia, que no começo do cristianismo era chamado *"fracção do pão"* (At 2,42-46), é sinal de união, de condivisão e de corresponsabilidade no mesmo destino.

O vinho é símbolo da transformação dos que acreditam em Cristo. Na eucaristia, o pão é o *Pão da Vida*, o *Corpo de Cristo*, que é dado para ser alimento, fonte de união. O vinho é o *Vinho da Salvação, o Sangue de Cristo* derramado para perdão dos pecados e para transformar as vidas humanas.

4. A eucaristia, a ceia do Senhor

Na quinta-feira, antes de sua morte, Jesus de Nazaré quis fazer uma *ceia de despedida* com seus apóstolos e amigos mais íntimos (1Cor 10,23-28; Mt 26,26-29; Mc 14,22-25; Lc 22,14-22). Dentro de um clima de *amizade e de intimidade* celebrou a primeira eucaristia. Era uma ceia de despedida, mas cheia de alegria e de esperança pela vitória.

Os primeiros discípulos formavam, então, uma comunidade cujo centro era o Jesus de Nazaré que falava tantas maravilhas e operava, aos olhos de todos, inúmeros prodígios. Como para toda a ceia, o convite partira de alguém que queria condividir a alegria de sua presença e comemorar algo muito importante. As grandes comemorações e festas humanas são geralmente marcadas com um banquete, um almoço ou uma ceia festiva. Usam-se alimentos e bebidas como símbolos de união, de festa e de participação. Mais importante que o alimentar-se é o intercâmbio pessoal, o ambiente agradável, solene e festivo. *Estar junto*, em torno de uma mesa, é *sair de si para entrar em comunhão*, celebrando e festejando um evento.

Os judeus possuem uma série de refeições cultuais que se revestem de caráter solene e religioso. Entre essas, a *Páscoa* ocupa um lugar de destaque. É memorial da libertação da escravidão do Egito, realizada por Javé, que operou tantas maravilhas em favor de seu povo eleito. Jesus de Nazaré celebrou também sua ceia nesse contexto de recordação e de uma marco significativo e religioso.

A *Última Ceia*, pelas palavras e atitudes de Jesus, tem um *caráter de memorial e de recordação*. Tratava-se de uma ceia onde, a partir daquela data, os discípulos se lembrariam de sua morte e ressurreição (1Cor 10,26). Assim como a Páscoa judaica recordava e atualizava a libertação de um povo, criando um clima de louvor e de ação de graças, a eucaristia é também um *memorial*. A Ceia do Senhor é algo sagrado que congrega os que acreditam. Cristo se torna presente como símbolo e realidade, ao mesmo tempo. A eucaristia é a refeição de alegria, de esperança e de vitória. É o ponto máximo de uma comunidade, expressando a união com Deus e com os irmãos. É o ponto de partida, recordando e atualizando, na comunidade, a salvação vinda pela morte e ressurreição de Jesus.

5. A presença de Cristo na eucaristia

A presença de Jesus na eucaristia pode ser considerada apenas dentro de todo o Mistério de Deus. É a perpetuação de seu Espírito na vida da Comunidade.

Existem *diversos tipos de presença* de Jesus na realidade de hoje. Ele está presente na *Palavra*, enquanto proposta e proclamação de Deus. Ele está *nos elementos da Comunidade*

(Mt 18,20). Ele está em todos os sacramentos. Mas quis permanecer de maneira mais sensível na eucaristia. Não se trata da presença de um objeto, de algo estático, locativo em sentido físico. Mas também não é uma simples recordação ou fantasia. Jesus quis continuar presente entre os homens, vivendo a realidade da sua morte e ressurreição. O corpo é a expressão da comunicação. Seu Corpo glorificado se faz presente através de um *sinal-símbolo-realidade* para ser recebido e participado como verdadeira comida e bebida: é o *Pão da Vida e o Vinho da Salvação.*

A *Presença eucarística* é o ápice dos outros tipos de presença. É a fonte e o fim de todas as outras modalidades de presença. A permanência no Corpo e no Sangue não é isolada, mas refere, dá origem e complementa as outras. Na eucaristia acontece a *presença pessoal, total de Cristo*, respeitando sua condição de morto-ressuscitado e a situação em sua realidade terrena. Essa *presença especial* não nega ou diminui os outros tipos de presença. É, acima de tudo, a presença operante, sacramental. Nada se dá a comunicação entre a realidade humana e a realidade divina. É *o ponto máximo* do encontro entre Deus e os homens.

Essa presença é para os homens *o centro, a síntese do Mistério* de Deus entre nós. *É a doação à Igreja*, fazendo-se visível seu corpo glorificado e ressuscitado. Nenhuma explicação humana esgota toda a realidade. Não depende da fé subjetiva, mas da certeza objetiva de sua ação atual na Igreja. É o *Pão transubstanciado* em seu Corpo, *o Pão da Vida* que nos une a Deus e aos irmãos. O Espírito de Deus transforma o esforço, a cooperação humana em dons de vida eterna. É a Vida que vem ao encontro das vidas humanas para lhes dar *força, coesão e comunhão*. Jesus Cristo é atual na eucaristia, produzindo, no que acreditam, a certeza da comunhão plena com Deus e com os irmãos.

Reconciliação

1. A reconciliação no mistério de Deus

Todos os homens têm experiência de suas limitações físicas, psíquicas e morais. No conjunto dessas limitações, o ser humano sente também a experiência do *pecado* como uma constante em sua vida. Como ser livre, o homem pode recusar a proposta de felicidade que Deus lhe faz. Mas o *Amor e a Misericórdia* de Deus não se deixam vencer pela fragilidade humana e continuamente vivem convocando os homens a voltarem a seu plano de felicidade. O *pecado* do homem e o *perdão*, da parte de Deus, são experiências fundamentais da existência.

Olhando a história da salvação, como aparece nas Sagradas Escrituras, podemos constatar dois polos: de um lado, temos Deus que se revela cheio de misericórdia, de amor, de atenção para com a humanidade; de outro lado, temos homens que muitas vezes se apresentam como pecadores; transgressores dos mandamentos, revoltados contra os desígnios de Deus. O *Mistério de Deus*, como plano amoroso, convocando os homens a participarem de sua vida de felicidade, tem diversos aspectos que atingem a existência humana. A *primeira dimensão da felicidade humana é o relacionamento com Deus*, como comunhão de amor filial que leva o homem a agradecer, louvar, reconhecer sua soberania e a pedir tudo de que precisa. A *felicidade* exige ainda dos homens *uma fraternidade*, feita de justiça e concórdia, fazendo com que haja respeito, valorização mútua e crescimento como irmãos que buscam, em Comunidade, a realização do plano de amor.

O ser humano só realizará ainda sua felicidade na medida em que for *pessoa*, procurando seu equilíbrio e unidade física e psíquica. Além dessas dimensões, o homem será feliz na medida em que *dominar e orientar* a natureza a seu serviço e a serviço dos outros irmãos. Cada vez que o homem se afasta desse plano, desviando-se da estrada da felicidade, revoltando-se e violando os desígnios salvíficos, está cometendo o que chamamos de pecado. Diante do erro, Deus espera que os homens reconheçam a violação de seu plano e voltem para o amor, recebendo de Deus *o perdão e a força* para retomar a caminhada. O *sacramento da reconciliação* ou *penitência* é, assim, um sinal-símbolo-realidade da volta do homem que reconhece seu erro e que recebe o perdão de Deus. É o reencontro com o plano de Deus, a volta à felicidade.

2. A penitência e a reconciliação com Deus

A *primeira dimensão do pecado* é profundamente *teológica*. Na história da salvação, o ser humano se revela muita vezes como pecador e fraco diante da Misericórdia e do Amor de seu Deus. Por isso, as Sagradas Escrituras mostram o homem que erra (Jz 10,10; 1Sm 7,6; Jr 3,3-6.25; Sl 57,6), desviando da estrada da felicidade oferecida por Deus (Gn 3,36; 4,13; Sl 32,5; 38,5). É *a rebelião, a violação* e a infração dos desígnios salvíficos de felicidade (Êx 23,21; Is 1,2-3).

O povo de Israel fez, muitas vezes, experiência de infidelidade, negando seu Deus e buscando outros ídolos que satisfaziam seus desejos e vontades. Jesus de Nazaré fala pouco do pecado em si mesmo, mas insiste em sua interioridade (Mt 7,21) e prega a *penitência e a conversão* sincera (Mc 1,15). Ele veio para os pecadores (Mc 2,17). O homem se reconhece pecador no encontro pessoal com Cristo. A cura do pecado depende da *reconciliação e da volta* ao plano de Amor de Deus. As atitudes concretas de Jesus revelam, antes de tudo, a *misericórdia* para com o filho pródigo que volta à casa do Pai (Lc 15,11-32). Ele ajuda os que precisão de *perdão* (Lc 5,17-26): compreende as situações de miséria em que os homens só sabem julgar e condenar (Lc 7,36-50). O que interessa é a *volta*, o reconhecimento do erro e o *desejo sincero* de reparar as falhas (Lc 22,61-62). Seu perdão é sempre total, prometendo a reconciliação com o Reino de Amor (Lc 22,61-62). Seu perdão é sempre total, prometendo a reconciliação com o Reino de Amor (Lc 23,39-43). O *sacramento da reconciliação* é a atualização desse encontro com Cristo Ressuscitado que se faz presente, hoje, por meio desse sinal-símbolo-sacramento. A penitência e a conversão são expressões da volta ao amor filial, pelo respeito aos mandamentos e aos desígnios de felicidade. É o abandono dos ídolos, refazendo a intimidade com seu Deus. A penitência é, antes de tudo, um *ato de humildade* do homem perante seu Deus, reconhecendo seu erro e retornando à intimidade e à paz no relacionamento com seu Pai e Senhor. O pecado não é simplesmente uma transgressão de leis e prescrições, mas um *"não"* aos dons de Deus. A penitência é um *"sim"* aos dons de Deus que se manifesta no esforço de volta e de busca dos caminhos do Amor.

3. A penitência e a reconciliação com os homens

O pecado não é só um rompimento com Deus, pelo desrespeito de seus mandamentos e desígnios. *É também uma ofensa contra os próprios homens*, que causa a ruína da humanidade. É também a *destruição da sociedade e da família humana*, pois nossos erros não são puramente individuais, mas trazem reflexos profundos na coletividade. É a traição do próprio destino, dificultando e atrapalhando a marcha da família de Deus para a felicidade.

O ser humano foi criado para se realizar em fraternidade e no amor, em que as pessoas juntas procuram o bem comum. Quando o homem desvaloriza seus semelhantes, não colaborando com a felicidade dos outros, está pecando. *O erro está também na omissão*, quando não existe apoio, interesse e meta comum. Todo o pecado tem, assim, *uma dimensão social*. É ilusão pensar que se é justo pelo fato de cumprir certas leis de piedade individual. É falsidade rezar e se relacionar com Deus de maneira abstrata, fugindo do mundo real onde vivemos.

Jesus de Nazaré combateu qualquer legalismo e ritualismo que esquecem a pessoa de seu irmão. Insistiu muito na *atitude interna* (Mt 11,19) e não apenas nas práticas externas de jejuns e abluções rituais. A pessoa do outro está acima de qualquer lei e situação (Mc 2,23-28). A lei foi feita para o homem. O legalismo mata, massacra. As Comunidades cristãs procuram levar adiante esse espírito de fraternidade, de participação e de sinceridade na busca do bem comum (At 2,24-26).

O sacramento da reconciliação é a volta do homem a sua Comunidade, procurando reparar todos os males cometidos. Assim como o pecado tem uma dimensão social, a *volta* também tem uma manifestação pública. Ser perdoado é *reconciliar-se* com os irmãos, *é comprometer-se* com a Comunidade. Por isso, não basta pedir perdão a Deus em seu íntimo, mas é preciso manifestar *publicamente* sua volta e reconhecimento de sua falha e seu desejo de buscar a felicidade em Comunidade. O sacramento da reconciliação é, assim, *um conjunto ritual simbólico* que expressa essa *volta* e a *reparação* dos males cometidos contra os irmãos.

4. A penitência e a unidade do homem

No decorrer de sua história, o homem muitas vezes se interrogou e ainda se interroga sobre ai mesmo. Algumas vezes se coloca como norma absoluta de seus atos e se enche de autossuficiência. Outras vezes se deprime até ao desespero, ocasionando para si mesmo angústia e hesitação. Deus vem ao encontro dos homens, ajudando-os a dar uma resposta que explique sua existência, seus anseios, suas fraquezas e a recuperação de sua unidade.

Criado à *imagem e semelhança de Deus* (Gn 1,26), o ser humano é uno, harmonioso. Ele é *corpo e espírito*, formando em si uma síntese dos elementos materiais e ultrapassando a universalidade e a materialidade dos outros seres. Com sua inteligência, conhece o universo e o transforma através das ciências empíricas, das artes técnicas e liberais. Não se limita apenas aos fenômenos, mas atinge a realidade inteligível. Aperfeiçoa-se pela sabedoria *na busca do amor, da verdade e do bem*. Dentro do seu conhecer, o homem descobre a beleza e o mistério das coisas invisíveis, indo além das aparências e descobrindo o segredo oculto dos seres.

Na intimidade de seu ser, descobre ainda a grandeza do plano do amor que Deus lhe revelou pelo universo e pela história, e que se manifesta pela sua *consciência*. Pode assim conhecer e se voltar para a felicidade. A *liberdade* no conhecer e no escolher é o maior dom de Deus. Sua *dignidade* exige que possa agir de acordo com sua opção interna e pessoal, levando-o a agir livremente sem censuras externas ou tabus internos.

Acontece que o homem nasce numa condição de pecado, *situação de não felicidade*. Sente dentro de si a divisão que muitas vezes o faz sair da harmonia e unidade planejadas por Deus. Acontece assim a quebra da unidade corporal e espiritual; sua inteligência é mal usada, esquecendo a verdadeira arte de bem viver. Perde a consciência do dever, usa mal sua liberdade. É a situação de pecado que experimentamos em nossa existência.

O sacramento da reconciliação é o encontro com Cristo-Ressuscitado por meio de um conjunto ritual-simbólico que vem auxiliar os homens a recuperarem sua harmonia e unidade. É o *esforço* do homem que aceita o convite e a *força* para ser de novo imagem e semelhança de seu Deus. É o Deus-Amor que vem recordar e atualizar seu plano de amor, aceitando o filho que reconhece seu erro e quer voltar de novo à casa do Pai.

5. A reconciliação, sacramento do perdão

Jesus de Nazaré, ao iniciar a pregação do Evangelho, fala *muito da conversão sincera do pecador* (Mc 15). Prega muito pouco sobre o pecado em si mesmo, mas insiste na *interioridade* da culpa (Mc 7,21) e pede *a volta sincera* ao plano de amor estabelecido por Deus. O *perdão* é dado na medida da *conversão sincera, da mudança de mentalidade e de vida*. Existe uma relação muito íntima entre *pecado, reconciliação* e *perdão*. O esforço de conversão se manifesta de maneira sensível pois o pecador se reconhece como tal e procura voltar à casa do Pai.

Para expressar essa volta, os homens sempre procuraram *gestos sensíveis* que mostrassem a conversão e a recepção do perdão. Assim as Sagradas Escrituras nos mostram diversos atos sensíveis que expressam a mudança de vida. *Rasgar as vestes* era um gesto de penitência e de conversão (Gn 37,34; 2Sm 13,31; Jo 1,20). *Rasgar as vestes* significava romper com o estado de desordem provocado pelo pecado e o início de uma situação nova. É sair de um estado de acomodação e mudança de vida.

Cobrir-se com um tecido rude significava a tristeza, o luto pelo pecado cometido. As pessoas despojavam-se de suas vestes habituais e se revestiam de vestes simples, rudes, para expressar a simplicidade e a humildade (Jn 3,5-8; Esd 9,3; Est 4,1-3; Jt 8,5; 2Mc 3,19; Is 3,5-8). *Colocar cinzas sobre a cabeça* era sinal do aniquilamento e da miséria do homem pecador. É a morte ao pecado e a esperança de se receber o perdão.

Até hoje, no início da quaresma, os cristãos usam simbolicamente o gesto da *imposição das cinzas*. Outro gesto usado na tradição cristã é o *jejum e a abstinência* de certos alimentos (Esd 9,1; 1Rs 21,27-29). Significa a morte, a debilidade do homem que precisa aprender a renunciar-se para receber o perdão.

Toda a conversão exige uma renúncia de si, de seu modo de pensar e uma volta para Deus. O *sacramento da reconciliação* é assim, hoje, um *gesto de penitência*, pois exige um *ato público de humildade* ao procurar sua volta à comunidade por meio de um conjunto ritual-simbólico. Sempre é exigido do homem pecador que se faça alguma penitência para expressar sua volta e a recepção do perdão.

Unção dos Enfermos

1. O sacramento da unção no mistério de Deus

A *divina providência* age na vida dos homens, estimulando-os a lutar contra as enfermidades e a procurar todos os meios para a saúde integral do ser humano. Mais ainda, Deus age na vida dos homens por meio de *sua comunidade de salvação, a Igreja*, fazendo com que ela recorde as atitudes de

Jesus Cristo para com os que sofriam e lhes dê os meios para superar as debilidades humanas.

Em sua vida terrena, Jesus de Nazaré teve um *comportamento especial* para com os que sofriam imersos na dor, dando-lhes o *consolo* e *curando-os das doenças* (At 10,38). Não só procurou ajudar, consolar e curar os que sofriam, mas, Ele mesmo, tornou-se o exemplo de vencedor dos sofrimentos por meio de sua morte e ressurreição (Rm 6,5-11).

A Igreja, Corpo e atualização do Cristo-Ressuscitado no meio dos homens, vem, por meio do *sacramento da unção dos enfermos*, *recordar*, *atualizar* e *anunciar* a intenção salvífica do Amor. Esse sacramento é pois a atualização do mistério de salvação na vida dos homens por meio de ações do Cristo-Ressuscitado que age pelo Espírito Santo nas situações concretas *da dor, da doença e da velhice*. Por meio de um conjunto de ritos, gestos, palavras e ações que *simbolizam* e *significam* a intenção do Amor que quer ajudar e salvar os que sofrem e padecem em uma situação difícil da vida. O homem que sofre é identificado com o Cristo Sofredor e Glorioso (Rm 8,17; Cl 1,24; 2Tm 2,11-12), completando assim o que falta à paixão do Senhor para a salvação do mundo.

Esse sacramento opera a salvação do homem todo, pois, pela graça do Espírito Santo, o homem é perdoado, aliviado e confortado em sua dor e *auxiliado a vencer o mistério da morte e da doença. Muitas vezes é até recuperado em sua saúde corporal*. Cristo liberta assim o doente de todos os seus pecados e lhe dá forças para sua caminhada para o Reino do Pai.

Dentro de todo esse clima de fé, o *sacramento dos enfermos é uma etapa* da própria história da salvação que se concretiza na vida de um ancião ou de um doente. O que foi começado no batismo, continua durante a existência. O mesmo Senhor que esteve presente no dia do batismo, que acompanhou o cristão no caminhar, quer agora, nos últimos momentos da vida, *estar presente para dar apoio e certeza* da vitória final.

2. A unção dos enfermos: superação da doença

A experiência concreta da vida assegura ao homem a certeza da unidade total do seu ser apesar dos aspectos diferentes e da complexidade de sua pessoa. Nas situações graves de doença, o homem percebe em si uma ruptura dessa unidade. Seu corpo passa a ser percebido como um estranho, um rebelde, um agressor a sua individualidade. O doente encontra-se numa situação de mal-estar, de frustração.

Se esse doente é ainda *hospitalizado*, sente-se *duplamente frustrado: pessoalmente*, sente em si a ruptura da unidade subjetiva; *socialmente*, é marginalizado do seu ambiente normal de viver. *Biologicamente*, o homem doente tem necessidade de recuperar sua saúde como aspiração a sua unidade perdida. *Socialmente*, o doente passa a possuir um relacionamento de dependência total dos outros: médicos, enfermeiros, parentes. *Sua autorrealização é ameaçada*, sua *vida familiar e profissional* são rompidas.

Os doentes procuram *reagir de diversas maneiras*. Alguns lutam positivamente com todas as forças para recuperar a saúde, submetendo-se a todos os sacrifícios exigidos. Uns desejam saber tudo sobre a sua doença, sobre a maior ou menor gravidade e sobre as possibilidades de cura. Outros empregam todos os mecanismos de defesa, procurando atrair a atenção, a solicitude sobre si mesmos. Começam a pensar que só eles têm direitos. Outros ainda se tornam agressivos, inconformados, hostis a todas as normas e atitudes de comportamento.

O *sacramento da unção dos enfermos*, quando bem entendido e celebrado, *é uma tentativa cristã de resposta a essa situação nova* do doente. Esse sacramento é um encontro com o Cristo-Ressuscitado, que por meio de sua comunidade de fé, vem a ser a *superação da dor e da doença*. Essa circunstância nova da vida exige uma capacidade de adaptação. O homem nasce, cresce, vive e se realiza numa comunidade. O sacramento vem dar ao doente uma nova dimensão em seu relacionamento. Deus é apresentado como a *salvação* concreta que o vem ajudar a superar a revolta. Ele ainda ajuda a assumir com todas as forças essa limitação humana, procurando ultrapassar a doença numa dimensão de fé. Em seu amor, vem ser o auxílio para *vencer a angústia, a solidão, o desespero, a incompreensão, as incertezas provocadas pela dor*. A dependência para com os outros vem sentida como uma contribuição à comunidade, sendo *o exemplo e testemunha* na dor.

3. A unção dos enfermos nas nossas comunidades

Entre os fiéis de nossas comunidades existe *um desconhecimento do sacramento da unção dos enfermos*, por falta de evangelização e de uma celebração correta. Outras vezes, encontramos um *fatalismo e uma acomodação*, que costumamos chamar de *"vontade de Deus"*, acerca da doença, dificultando uma luta contra os males e a busca de todos os meios possíveis. Em muitas pessoas existe *a crença negativista* de que quando um padre visita um doente quer dizer que tal pessoa morre logo. O próprio sacramento até há pouco tempo era chamado de *"extrema-unção"*, que se ministrava aos moribundos e aos que partiam para a eternidade. Os próprios párocos *não têm o hábito de visitas regulares aos doentes*, resumindo-as quase que só na época da Páscoa, quando os doentes fazem sua confissão e comunhão.

A *estrutura clericalista* de certas paróquias centraliza tudo no padre, sobrecarregando-o de funções múltiplas, não deixando espaço para que se criem outros ministérios que possam se dedicar mais aos que sofrem. Quando há esses agentes de pastoral, muitas vezes falta uma *preparação teológica* e tais ministros se resumem em distribuidores de comunhão aos doentes. Em alguns lugares, existe ainda *certo secularismo na mentalidade religiosa dos sacerdotes e dos médicos*, esquecendo a pessoa humana em sua situação existencial que tem anseios transcendentais. Essa mentalidade pode provocar a desvalorização do sacramento da unção dos enfermos, levando a pensar que o povo pensa da mesma maneira.

Em algumas regiões encontramos ainda a *esperança de cura corporal* feita por cultos afro-brasileiros, por círculos espíritas, por religiões de inspiração oriental que procuram explicar a origem das doenças e sua cura que não condizem com o progresso da ciência e da realidade objetiva. Às vezes, a *celebração do sacramento é feita de modo mecânico* e ritualista, sem uma preparação prévia e sem a participação consciente do doente e dos presentes.

Diante desses aspectos negativos, a celebração correta do sacramento da unção dos enfermos é uma *valorização* do doente, despertando nele a esperança e a confiança na *presença ativa* do Deus-Amor que vem através da comunidade trazer *a atenção, o carinho* e *a coragem* para viver essa situação num clima de fé. A celebração desse sacramento quer chamar a atenção para uma *Pastoral da Saúde*, e não apenas para vencer uma situação de dor. *É uma tomada de consciência pelas famílias*, pela *comunidade cristã* que a dor, a doença e a morte são realidades transitórias dessa vida e apontam o verdadeiro sentido da existência.

4. O desafio da doença e da dor

O sacramento da unção dos enfermos é a *expressão da sensibilidade da comunidade cristã perante a doença e a dor*, dando-lhes uma dimensão de superação. Até certa época da humanidade, a mentalidade comum era que a doença grave conduzia naturalmente à morte. As possibilidades de cura eram limitadas e todas as intervenções, nessas ocasiões, tinham um caráter de alívio. A morte aparecia como o fim esperado dessa situação grave e era celebrada num ritual de solenidade, lucidez e sobrenaturalização.

A doença sempre foi *um desafio às nossas capacidades*. O mundo dos enfermos é assim uma *situação de risco e de ambiguidade*. Muitas vezes a separação dos doentes pode lhes representar que são *"objetos a serem curados"*, esquecendo-se que são pessoas que nasceram, viveram e se realizaram num meio familiar e social.

O sacramento dos enfermos vem mostrar que a *doença, a velhice, a dor* são valores, enquanto provocam a *reação positiva* do homem perante essas situações. Trata-se da superação de uma visão ascético-sobrenaturalista de *"resignação e aceitação"* para uma *atitude de luta* contra o mal num clima de fé. Na doença, o ser humano experimenta sua profunda limitação e dependência dos outros. Descobre a precariedade da vida e a ilusão de muitos valores transitórios, como a saúde, a sua posição sociocultural, sua posição socioeconômica.

A visão cristã, dada pela unção dos enfermos, vem mostrar que a dor, a *doença, são sementes de Ressurreição e de Vida*. É a transformação das limitações num *plano de alerta e de desafio de superação*. Por isso, o rito desse sacramento deve ser celebrado diante das situações concretas da vida. Deve ser confrontado o Evangelho com os valores dos homens de hoje, e verificar quais os pontos positivos da doença e da dor. A experiência da dor e da doença acompanha os homens desde suas origens. A longevidade biológica e as tentativas de cura são tarefas humanas. A Igreja, por meio desse sacramento, quer ser a *luz e o fermento* interno na consciência humana, dando-lhe *uma visão positiva* para o domínio e a cura numa dimensão de fé.

Ordem

1. Os ministérios na Igreja

Os *ministérios na Igreja* provêm do *Senhorio de Cristo* como centro da história. Deus chama todos os homens a viverem a vocação de unidade e de comunhão.

Essa vocação tem início *na história de uma família* na *pessoa de Abraão*.

Estendeu-se a tribos que foram convocadas a se constituírem como *povo de Deus* na história de Israel, o povo escolhido e eleito por Deus. Dentro desse povo, Deus envia o seu Filho e nele *reunifica toda a humanidade e o universo* (Ef 1,10).

A Ele foi dada toda a autoridade no céu e na terra. Como Senhor da história, pela sua morte e ressurreição, Jesus comunica a vida nova no Espírito Santo, visando criar a comunhão plena com Deus, com os homens e com todo o universo. Levar essa comunhão plena, *koinonia*, à perfeição, é o objeto do Mistério de Deus. Todos os ministérios são assim *serviço, diakonia*, que visam levar à *koinonia*, quando Deus for tudo para todos.

A Igreja foi convocada a atualizar o Reino de Deus proclamado por Jesus de Nazaré. O Reino de Deus é a Boa Nova aos pobres, é a libertação para os cativos, a visão aos cegos e a liberdade para os oprimidos (Lc 14,18). Jesus trouxe o anúncio do Pai e convocou todos a viverem o Evangelho, oferecendo a possibilidade dessa realidade dentro de uma comunidade, a Igreja.

A Igreja recebeu assim a missão de *implantar os valores evangélicos*, testemunhando a libertação, a justiça, a fraternidade e a solidariedade entre todos os homens. Cabe a ela estar ao lado dos fracos, dos oprimidos, dos pobres e carentes do Amor de Deus nas contínuas vicissitudes da vida.

Todos os cristãos, pelo batismo e inserção no Senhorio de Cristo, têm *um compromisso com a vida nova*. Todos têm uma opção a ser feita em favor da presença do Mistério Pascal, transpondo as barreiras do mundo das trevas, do egoísmo, das divisões, da mentira. A força da missão de Jesus e de sua Igreja está *no Dom do Espírito* que convoca todos a viverem a realidade do

Reino; a todos aqueles que têm boa vontade. Esse dom é dado a cada um de acordo com *sua missão e função* na comunidade. Todos os dons e serviços são para a edificação da Igreja e de sua missão no mundo.

É preciso salientar três maneiras de serviço à Igreja e para a causa de Jesus:

1. **os carismas**: são dons concedidos pelo Espírito Santo a certos membros do Corpo de Cristo em vista do bem da comunidade e do cumprimento de sua vocação.

2. **os ministérios**: são vocações de serviço, *diakonia*, que são dadas a todo o povo de Deus e que são exercidas por *pessoas* ou pela *comunidade local* ou pela *Igreja universal*.

3. **os ministérios ordenados**: são serviços, *diakonia*, recebido por pessoas, que tendo recebido *um carisma*, são investidas pela Igreja mediante o *sacramento da ordem ou ordenação*, invocação do Espírito Santo e imposição das mãos, no cumprimento de um serviço específico dentro da comunidade-Igreja.

2. Os ministérios ordenados

A existência concreta de ministérios ordenados *é uma constante desde o início da Igreja*. É um *constitutivo da vida e do testemunho* perene da Igreja. A autoridade proveniente do ministério ordenado é *um serviço* à causa de Jesus e de sua comunidade. São responsabilidades e serviços específicos dentro da comunidade.

O papel dos 12 Apóstolos foi a marca constitutiva da organização da igreja primitiva. Entre os seus discípulos, Jesus de Nazaré *escolheu 12 apóstolos*. Receberam uma missão específica de Cristo e continuaram a exercê-la na comunidade, delegando funções a outros auxiliares na medida das necessidades que foram surgindo.

As formas atuais de ordenação e do ministério ordenado *foram evoluindo* no decorrer dos tempos. Não se pode querer atribuir diretamente a vontade explícita de Cristo a certas formas particulares do ministério ordenado que surgiram por meio da necessidade das comunidades.

O *ministério ordenado* constituiu ainda o *ponto de unidade e de fidelidade a Jesus Cristo*.

Os ministérios não têm razão de existir sem a comunidade, e esta não pode existir sem eles. Uma realidade complementa a outra, sendo a coragem para o anúncio do Reino de Deus, *denunciando* os erros dos homens e *os convocando* à missão original.

O *ministério ordenado* é convocado a congregar e a continuar o Corpo de Cristo *pela proclamação da Palavra de Deus, pela celebração dos sacramentos, pela orientação da vida de sua comunidade, pela missão e diakonia*. Na celebração eucarística e na celebração do sacramento da penitência, o *ministro ordenado (epíscopo e presbítero)* exerce uma missão de serviço. A presidência das celebrações eucarísticas e a fidelidade à doutrina constituem o ponto de unidade na continuação do ministério de Cristo.

A autoridade do ministro ordenado é *em vista do serviço à comunidade*. Ele procura ser fiel à missão de Cristo, orientando a comunidade. Sua autoridade não provém simplesmente de uma escolha comum da comunidade, mas é um instrumento de unidade à vontade de Deus expressa em Jesus Cristo.

3. A Igreja e os ministérios ordenados

A *Igreja de Jesus Cristo* vive no Espírito Santo e se manifesta de forma visível por meio *da vida de sua comunidade e de seus ministérios*, quando celebram de maneira visível o que o Espírito do Ressuscitado opera invisivelmente.

O mundo espiritual é essencialmente *"carismático"*, isto é, dado pelo Espírito por meio de uma vocação para o bem da comunidade. É ainda *"institucional"*, conferido mediante aptidões humanas para que o eleito possa exercer sua missão a serviço do povo de Deus.

O caráter institucional do ministério está fundamentado *na instituição apostólica* da igreja primitiva, que se liga à sucessão apostólica. O ministério não é assim determinado apenas pela necessidade humana da comunidade, embora tenham surgido no decorrer da história ministérios como, por exemplo, o *cardinalato, ofícios* que precedem a ordenação sacerdotal, como as *"ordens menores"* ou *ofícios exercidos* por leigos que receberam uma *missão canônica* para ajudar na cura pastoral.

O sacerdócio comum dos fiéis *tem sua origem no sacramento do batismo* e de seu aprofundamento na maturidade do crisma (LG, 10 e 11). O *sacerdócio ministerial* é conferido por meio do *sacramento da ordem*. Um sacerdócio se ordena ao outro, embora se diferenciem na *essência e não apenas em grau*.

A validade do ministério episcopal, presbiteral e diaconal, depende do desempenho da missão à qual foi convocado. A recepção do sacramento da ordem *não depende apenas* de um rito, mas da intenção e do significado total da celebração. O sacramento não para na matéria determinada e na forma proclamada. O sacramento é a *celebração de um ato existencial da vida*, no qual o celebrante e os presentes recordam uma atitude salvífica de Cristo *(anám-nese)*. Esse memorial celebrativo se faz presente pela *ação do Espírito Santo (epíclese)*, que dá ao fiel a possibilidade de exercer sua missão.

Receber um sacramento é atualizar a presença do Cristo-Ressuscitado hoje, por meio de sinais-símbolos que expressam essa intenção. Não são minúcias jurídicas, palavras mágicas e chaves que transformam pessoas e situações. As palavras são a expressão verbal do sentido mais profundo.

A *ordenação é assim o ponto de ligação* entre o Espírito e a instituição. Ela se materializa *pela invocação do Espírito Santo e pela imposição das mãos pelo bispo*. É interessante notar que cada bispo, sacerdote e diácono com sua comunidade chegam a existir genuinamente só quando estão unidos com as outras comunidades da Igreja universal.

A ordenação cristã é a *transmissão de uma comunidade a outra*. Da comunhão do espírito já existente é transmitido o poder para a edificação da Igreja. O poder é sempre transmitido após a eleição, mediante a imposição das mãos que constitui a investidura. A *eleição* é considerada um chamado divino operado pelo Espírito, e a *investidura* é um *ato constitutivo*, diferente da eleição. Nunca o ordenado recebe seu poder-serviço do predecessor.

No tempo apostólico, a transmissão era feita diretamente pelos apóstolos ou por sua ordem, em virtude do poder recebido de Cristo. Os apóstolos, apesar de sua indiscutível autoridade, sempre operam de acordo com a comunidade ou por força da comunhão do Espírito. Nas comunidades pós-apostólicas, a comunhão da Igreja vem sempre em auxílio das comunidades onde falta uma liderança. A comunhão das Igrejas aos poucos vai suprindo a ausência dos apóstolos que vão desaparecendo.

No Concílio de Trento no século XVI, *o aspecto hierárquico da Igreja recebe uma confirmação dogmática*. O sacerdócio comum dos fiéis no que se refere a opinar e dar testemunho da veracidade e genuinidade da Igreja de Cristo, fica na sombra. São tomadas importantes decisões sobre a preparação espiritual e intelectual dos candidatos ao sacerdócio. Essas decisões vão ter grande influência nos séculos seguintes.

O Concílio Vaticano II vem *dar de novo destaque ao sacerdócio comum* dos fiéis, sem diminuir o sacerdócio ministerial. É importante ver os *ministérios ordenados* como representações visíveis do sacerdócio de Cristo, que se faz presente por intermédio de pessoas humanas para levar adiante as propostas do Reino de Deus.

A problemática das ordenações deve ser vista e revista dentro do contexto e do sentido do ministério, enquanto serviço, *diakonia*, para o crescimento e a perfeição da comunhão plena, a *koinonia*. A verdadeira autoridade provém *da palavra de Deus nas Escrituras* e da *Ação do Espírito Santo*, dando sentido e vida a essas palavras. *Fidelidade às Escrituras e obediência ao Espírito de Deus* são as marcas decisivas para quem quer ser o servidor da comunidade. A autoridade não é privilégio ou suporte de honras e mordomias, mas *um serviço de fraternidade*.

Três são os princípios básicos para o exercício do ministério ordenado na Igreja:

1. *Exercício segundo um modo pessoal:* é a investidura do carisma que lhe foi confiado para orientar a comunidade.

2. *Exercício segundo um modo colegial:* é o esforço de *comunhão e participação* com os outros ministérios, em seus respectivos colégios. Trata-se de uma função comunitária em benefício de toda a Igreja.

3. *Exercício segundo um modo comunitário:* é a indicação de que o ministério está enraizado como serviço de toda a comunidade e exige uma contínua fidelidade a Cristo e ao Reino de Deus.

Matrimônio

1. O matrimônio do mistério de Deus

Deus é *Amor* (1Jo 4,8) e o homem, criado a sua *imagem e semelhança* (Gn 1,26), é chamado a realizar uma *tarefa de amor*. Essa vocação ao amor ganha uma dimensão transcendente dentro da comunidade daqueles que vivem o anúncio trazido por Jesus Cristo. Pelos sacramentos da iniciação cristã, o ser humano é chamado a realizar sua vocação dentro de *uma família*, a família dos que vivem a filiação divina e a fraternidade com todos os outros participantes desse Mistério de Amor. Dentro dessa família, os batizados vão adquirindo funções de acordo com seu grau de participação.

O *batizado-confirmado* é aquele que é orientado a partir de seu interior, pelo Espírito Santo, possuindo assim condições para conhecer e agir livremente conforme o plano de Deus, testemunhando publicamente a Ressurreição de Cristo e se responsabilizando pela divulgação da Boa-Nova.

O *batizado-penitente* é o cristão que, percebendo em si a experiência do pecado, arrepende-se e volta a assumir sua vida nova. O *batizado-enfermo* é o cristão que recebe todo o apoio de sua comunidade no momento da doença, procurando superar essa situação difícil, colocando suas esperanças em Deus. *Pela eucaristia*, os batizados manifestam o ápice de sua comunhão com Deus e com os irmãos, procurando viver em sua realidade de hoje o que se fará em plenitude na eternidade.

Dentro de todos esses aspectos do Mistério de Deus, concretizado em Cristo e perpetuado em sua comunidade pela ação-presença do Espírito Santo, o *sacramento do matrimônio é uma vocação de serviço dentro da comunidade*. É o crescimento de pessoas que se desenvolvem, realizando-se na complementação mútua e sendo testemunhas visíveis do próprio Amor de Deus para com os homens.

A vocação do matrimônio está sempre na vida de alguém que vive em função de outro. É um processo pelo qual alguém se realiza em relação com outra pessoa. O homem e a mulher vivem numa *doação contínua*, em que os dois formam uma unidade dinâmica. A pessoa humana, por meio do matrimônio, não é simplesmente aquele homem ou aquela mulher, mas recebe a missão de ser *marido* ou *esposa*, *pai* ou *mãe*. A pessoa humana se torna assim alguém que vive em função de outro ou de outros.

O sacramento do matrimônio não é um ato isolado, mas apenas um começo, *início de um estado de vida*, que se realiza na medida do amadurecimento do amor que é colocado a serviço. Ser marido, esposa, pai ou mãe é *tornar-se* no dia a dia marido, esposa, pai e mãe.

2. O matrimônio e a unidade cósmica

Existe um princípio básico de *unidade* em todo o universo. Todos os seres procuram sua complementação, realizando-se na união com outro que o aperfeiçoa. As polaridades diversas se atraem na busca de complementariedade. Assim, no mundo mineral, os polos magnéticos opostos se atraem. No reino vegetal, o elemento masculino precisa de sua parte feminina para que haja fecundação, complementando-se nos frutos e nas sementes. Na vida animal, o macho procura sua fêmea para juntos se complementarem e perdurarem na geração de sua espécie.

Entre os seres humanos, o homem e a mulher se escolhem, unem-se numa vida para se realizarem como *pessoas*. A atração recíproca existente entre o homem e a mulher é um apelo para sua conplementação, não apenas física e psicológica, mas de um modo mais perfeito e com uma dimensão transcendental. A vida dos seres humanos é uma busca da vocação de amor para a qual foram criados e chamados. A realização desse amor se dá na busca da perfeição na qual se encontra sua unidade e harmonia perfeitas, que lhes dão segurança e os capacitam para serem agentes transformadores do universo.

A história da salvação da humanidade está marcada pelo *sinal da Aliança*, em que Deus sai de seu silêncio e se revela, convidando os homens a participarem de sua própria felicidade, fazendo com que cada um de nós participe de sua comunhão de Amor (1Jo 1,2-3). Nessa Aliança, Deus se faz *"parceiro"*, companheiro do próprio homem. Essa revelação da Aliança de unidade em vista da complementação do homem aparece na ordem da criação e principalmente na história de um povo, Israel. Nesse povo, por meio dos patriarcas, juízes, profetas e reis, Deus-Amor prepara a Aliança definitiva em Jesus Cristo. Jesus é o acesso máximo do amor de Deus e a possibilidade suprema da realização do homem. Ele *é a Nova e Eterna Aliança.*

O *sacramento do matrimônio* vem simbolizar a aliança entre Deus e os homens. A união perfeita de uma mulher e de um homem na busca da realização física, psicológica e transcendente é símbolo da Aliança plena de amor e realização que encontramos em nossa história. O próprio amor de Deus para com a comunidade, amor esse pleno de complementação, fidelidade e felicidade, torna-se uma meta e um desafio para a realização existente entre um marido e uma esposa (Ef 5,22-33).

3. O matrimônio e a sexualidade humana

O ser humano é um conjunto físico e psicologicamente homogêneo, no qual as partes existem em função de um todo. É orientado por um grande princípio: *autoconservação* ou *imortalidade*. Fisiologicamente, a conservação do conjunto se faz pela alimentação e autodefesa. A conservação da espécie acontece pela reprodução como projeção da própria imagem. Psicologicamente, a conservação de si se realiza como *pessoa livre e inteligente*. A conservação de suas aspirações mais profundas se faz pela transcendência no conhecer e no amar, dando-lhe uma dimensão mais profunda do viver, concretizando em si a vocação para o Amor.

O homem, contudo, não é um ser completo em si, mas é também um ser de relações, um ser social que é feliz na medida de sua capacidade de *ser para*. Realiza-se assim no relacionamento *consigo mesmo* quando é capaz de dar resposta satisfatória a seus desejos de conservação e de crescimento de seu conjunto físico-psíquico. *Realiza-se na comunicação com os outros*, quando é capaz de corresponder a seus anseios de conservação de si como pessoa e de continuação de sua espécie. *Aperfeiçoa-se no relacionamento com o universo* na medida de suas respostas a seu desejo de conservação do composto bio-psíquico, e por meio dos seres se realiza como pessoa transformadora do mundo.

Aperfeiçoa-se, finalmente, em seu *relacionamento com um Ser Superior* na medida em que este lhe dê resposta a seus anseios transcendentais no conhecer e no amar. Assim podemos dizer que o ser humano amadurece na medida em que é capaz de se relacionar como *Pessoa* com todos os seres capazes de dar resposta satisfatória a seus anseios físicos, psíquicos e transcendentais.

A *sexualidade*, no matrimônio cristão, é um caminho, um apelo físico, psíquico para a maturidade do homem, numa comunhão de amor com outra pessoa que o complemente e o realize em todas as dimensões das aspirações humanas. A união, puramente no plano biológico, é um fracasso, um egoísmo a dois onde as pessoas se sentem como objetos. Responde apenas às inspirações no plano instintivo. A união psicológica satisfaz temporariamente, nunca em profundidade, pois corresponde apenas às necessidades de apoio, compreensão e ternura.

O *sacramento do matrimônio visa a união mais perfeita*, abrangendo a física e a psicológica, mas com uma abertura transcendental que possui valores, exigências no relacionamento mais profundo entre dois seres. Trata-se de um *encontro de pessoa* (esposo) *com pessoa* (esposa). Relacionando-se mutuamente e se abrindo para aspiração mais profunda de Amor que satisfaz plenamente o ser humano, o casal constrói a sua felicidade. É a oblatividade, o dom de si na realização do outro.

4. O ideal divino do matrimônio

A Sagrada Escritura, em seu primeiro livro, o Gênesis, apresenta-nos *uma dupla narrativa sobre a criação do homem e da mulher*, revelando o *ideal divino* do matrimônio. A primeira narração (Gn 2,18-24) é caracterizada por um estilo colorido e vivo, é a mais antiga, remontando ao século X antes de Cristo. É uma preparação ao capítulo terceiro, no qual se descreverá a experiência do fracasso humano. O homem, nessa narrativa, aparece como rei do universo (Gn 2,18-20). Sente, porém, em si a solidão, não encontrando entre os seres criados um que lhe seja adequado e complementar (Gn 2,20). Numa narração simbólica, o autor sagrado relata então que o Senhor Deus mandou um sono profundo ao homem. Enquanto dormia, tomou-lhe uma de suas costelas e fechou o lugar com carne (Gn 2,22). O termo hebraico *"sela"*, em vez de costela, significa também *metade*. E da costela, *da metade do homem*, Deus fez a mulher e a entregou ao homem, significando a *identidade e igualdade* de natureza complementando-lhe o que lhe faltava.

A finalidade principal dessa narração é explicar a atração misteriosa que leva o homem à mulher e vice-versa. O homem, ao ver sua nova companheira, encheu-se de alegria e satisfação, exclamando: "Eis agora o osso de meus ossos e a carne de minha carne..." (Gn 2,23). A narração termina com a seguinte conclusão: "Por isso, deixará o homem seu pai e sua mãe e se unirá à mulher; e serão os dois uma só carne" (Gn 2,24). Essas palavras finais têm grande valor pois revelam o ideal e a lei básica do casamento segundo as intenções divinas. O laço que prende o homem à mulher é mais forte que o vínculo do sangue, porque deixarão seus pais e serão ambos *uma só carne*.

A palavra hebraica que designa essa união, tem como correspondente em português os verbos *"aglutinar, aderir, colar"*. O efeito dessa adesão é a unidade perfeita dos dois seres numa só carne. Essa imagem não significa apenas a união física mas o sentido pleno de união de pessoas, pois a palavra *carne* significa *pessoa*, enquanto representada e manifestada pela aparência exterior de sua humanidade. Trata-se assim da mais íntima comunhão de pensamento, de vontade e de amor, de duas pessoas que começam a fazer uma só história na vida.

O sacramento do matrimônio revela o *ideal divino* enquanto manifesta a *unidade total*, abrangendo os aspectos físicos, psíquicos e transcendentais. O ideal do matrimônio é uma busca de complementação em que a atração física é um apelo para uma maior *complementação de pessoa*. A fusão de duas vidas numa só, entre o homem e a mulher, ocupa um plano fundamental do casamento, correspondendo ao ideal divino da criação.

A marca FSC® é a garantia de que a madeira utilizada na fabricação do papel deste livro provém de florestas que foram gerenciadas de maneira ambientalmente correta, socialmente justa e economicamente viável.

Este livro foi composto com as famílias tipográficas Bree Light, Calibri, Great Vibes e Segoe e impresso em papel Offset 75g/m² pela **Gráfica Santuário**.